AF194448

Impressum
Verlag: BABADADA GmbH, Nedderfeld 112 , 22529 Hamburg
Geschäftsführer / Verlagsleitung: Harald Hof
Druck: Books on Demand GmbH, In de Tarpen 42, 22848 Norderstedt

Imprint
Publisher: BABADADA GmbH, Nedderfeld 112 , 22529 Hamburg, Germany
Managing Director / Publishing direction: Harald Hof
Print: Books on Demand GmbH, In de Tarpen 42, 22848 Norderstedt

colegio
skool

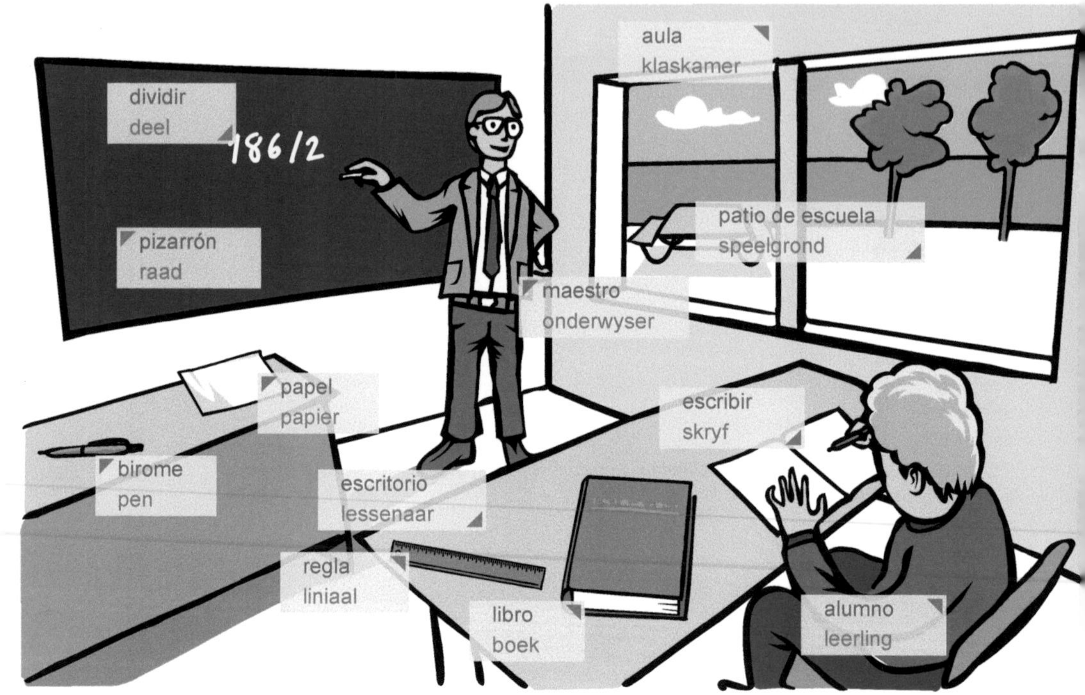

aula
klaskamer
dividir
deel
186/2
pizarrón
raad
patio de escuela
speelgrond
maestro
onderwyser
papel
papier
escribir
skryf
birome
pen
escritorio
lessenaar
regla
liniaal
libro
boek
alumno
leerling

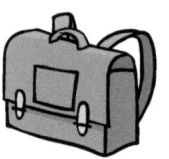

mochila

skooltas

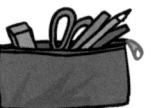

caja de lápices

potloodhouer

lápiz

potlood

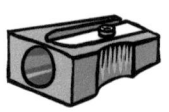

sacapuntas

skerpmaker

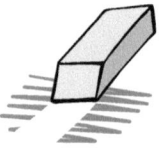

goma (de borrar)

rubber

bloc de dibujo

tekenblok

dibujo
tekening

pincel
verfkwas

caja de pinturas
verfoppervlak

tijera
skêr

pegamento
gom

cuaderno de ejercicios
oefenboek

tarea
huiswerk

número
aantal

sumar
optel

restar
aftrek

multiplicar
maal

calcular
bereken

letra
brief

abecedario
alaphabet

palabra
woord

texto
teks

leer
lees

tiza
kryt

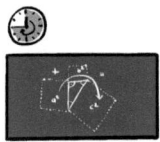

lección
les

cuaderno de clase
registreer

examen
eksamen

certificado
sertifikaat

uniforme escolar
skooluniform

educación
onderwys

enciclopedia
ensiklopedie

universidad
universiteit

microscopio
mikroskoop

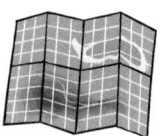

mapa
kaart

tacho (de basura)
vullisdrom

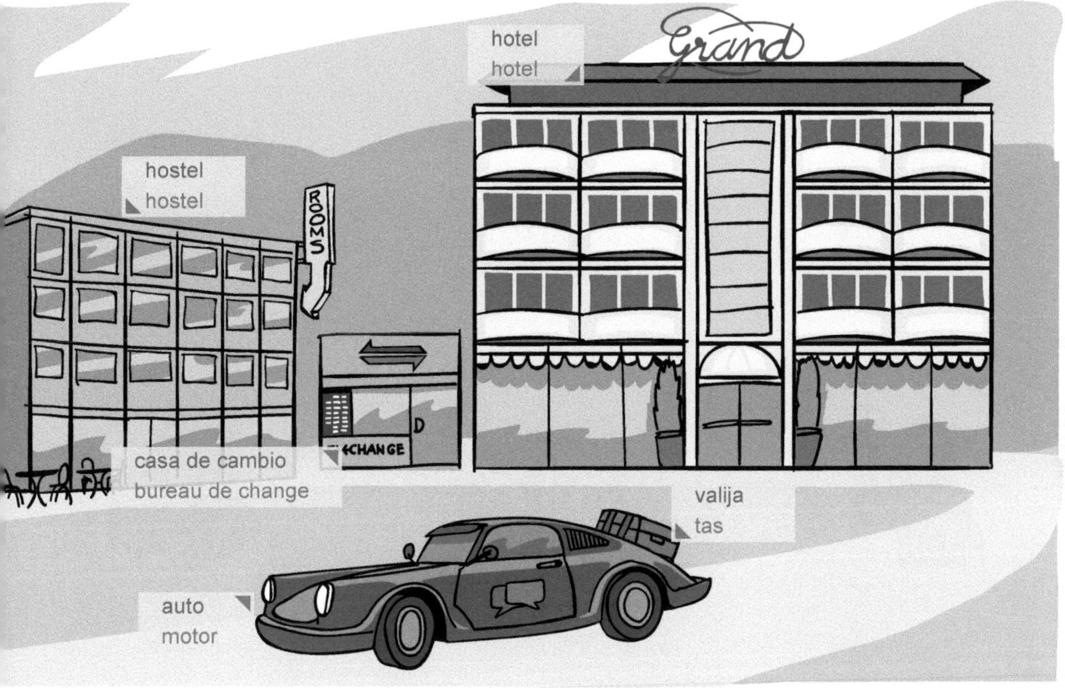

hotel
hotel
Grand
hostel
hostel
ROOMS
casa de cambio
bureau de change
valija
tas
auto
motor

idioma

taal

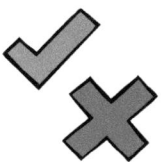

sí / no

ja / nee

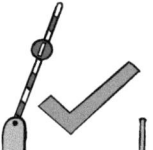

Está bien

Goed

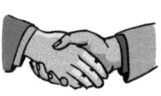

hola

hallo

traductor

vertaler

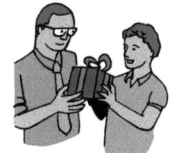

Gracias

Dankie

¿cuánto cuesta…?

hoeveel is…?

No entiendo

Ek verstaan nie

problema

probleem

¡Buenas tardes!

Goeie naand!

¡Buenos días!

Goeie môre!

¡Buenas noches!

Goeie nag!

adiós

totsiens

dirección

rigting

equipaje

bagasie

bolso

sak

mochila

rugsak

invitado

gas

habitación

kamer

bolsa de dormir

slaapsak

carpa

tent

información turística
toeriste-inligting

playa
strand

tarjeta de crédito
kredietkaart

desayuno
ontbyt

almuerzo
middagete

cena
aandete

pasaje
kaartjie

ascensor
hysbak

sello
posseël

frontera
grens

aduana
doeane

embajada
ambassade

visa
visum

pasaporte
paspoort

transporte

vervoer

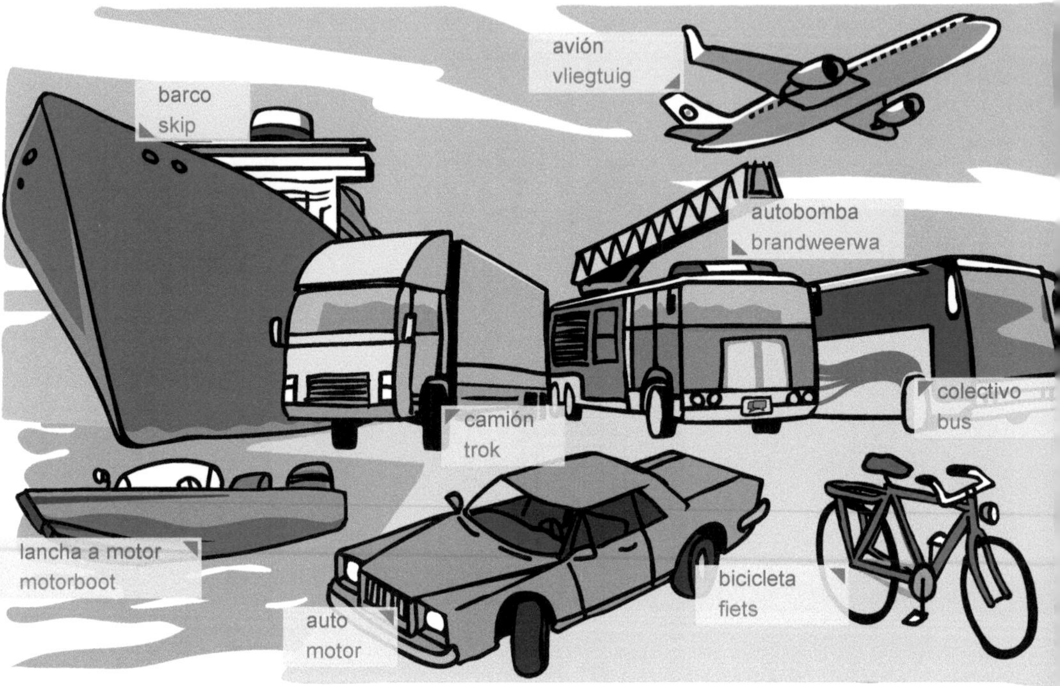

avión
vliegtuig
barco
skip
autobomba
brandweerwa
colectivo
bus
camión
trok
lancha a motor
motorboot
bicicleta
fiets
auto
motor

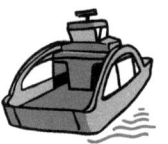

ferry

veerboot

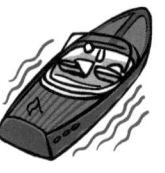

bote

boot

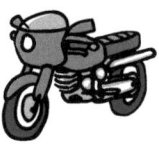

moto

motorfiets

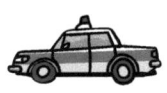

patrullero

polisiemotor

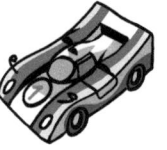

auto de carreras

renmotor

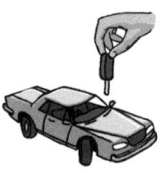

auto de alquiler

huurmotor

alquiler de autos
car-sharing

grúa
insleepvoertuig

camión de basura
vullisverwydering

motor
enjin

nafta
brandstof

estación de servicio
vulstasie

señal de tránsito
verkeersteken

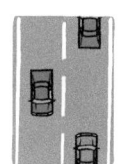

tránsito
verkeer

embotellamiento
verkeersknoop

estacionamiento
parkeerplek

estación de tren
stasie

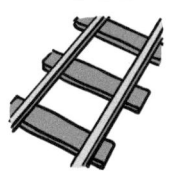

vías
spore

tren
trein

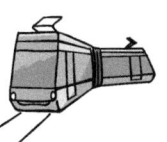

tranvía
tram

vagón
wa

helicóptero

helikopter

aeropuerto

lughawe

torre

toring

pasajero

passasier

contenedor

houer

caja de cartón

karton

carretilla

karretjie

canasta

mandjie

despegar / aterrizar

opstyg / land

ciudad

stad

pueblo

dorpie

centro de ciudad

middestad

casa

huis

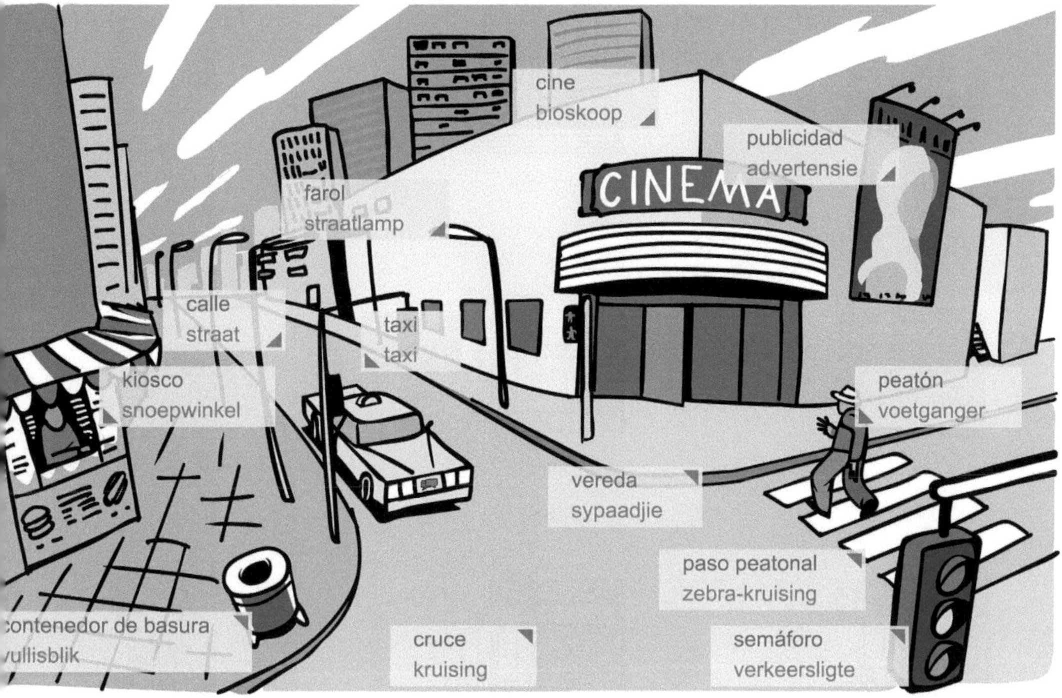

cine
bioskoop

publicidad
advertensie

farol
straatlamp

calle
straat

taxi
taxi

kiosco
snoepwinkel

peatón
voetganger

vereda
sypaadjie

paso peatonal
zebra-kruising

contenedor de basura
vullisblik

cruce
kruising

semáforo
verkeersligte

CINEMA

cabaña
hut

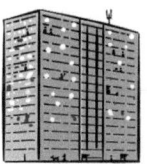

departamento
woonstel

estación de tren
stasie

municipalidad
stadsaal

museo
museum

colegio
skool

universidad
universiteit

banco
bank

hospital
hospitaal

hotel
hotel

farmacia
apteek

oficina
kantoor

librería
boekwinkel

negocio
winkel

florería
bloemis

supermercado
supermark

mercado
mark

grandes tiendas
handelshuis

pescadería
viswinkel

centro comercial
inkopiesentrum

puerto
hawe

parque

park

banco

bankie

puente

brug

escaleras

trappe

subte

moltrein

túnel

tonnel

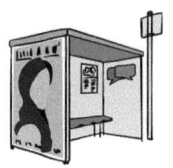

parada del colectivo

bushalte

bar

kroeg

restaurante

restaurant

buzón

posbus

letrero

straatnaambord

parquímetro

parkeermeter

zoológico

dieretuin

pileta

swembad

mezquita

moskee

granja

plaas

contaminación

besoedeling

cementerio

begraafplaas

iglesia

kerk

juegos infantiles

speelgrond

templo

tempel

paisaje

landskap

hoja
blaar

poste indicador
padwyser

camino
pad

pradera
weiland

piedra
klip

árbol
boom

excursionista
voetslaner

río
rivier

hierba
gras

flor
blom

valle
vallei

montaña
heuwel

lago
meer

bosque
bos

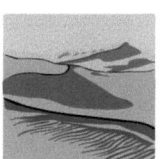

desierto
woestyn

volcán
vulkaan

castillo
kasteel

arco iris
reënboog

champiñón
sampioen

palmera
palmboom

mosquito
muskiet

mosca
vlieg

hormiga
mier

abeja
by

araña
spinnekop

escarabajo
miskruier

rana
padda

ardilla
eekhoring

erizo
krimpvarkie

liebre
haas

lechuza
uil

pájaro
voël

cisne
swaan

jabalí
wildevark

ciervo
takbok

alce
elk

presa
opgaardam

aerogenerador
windturbine

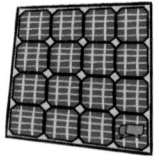

panel solar
sonpaneel

clima
klimaat

restaurante
restaurant

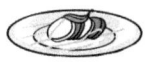

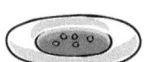

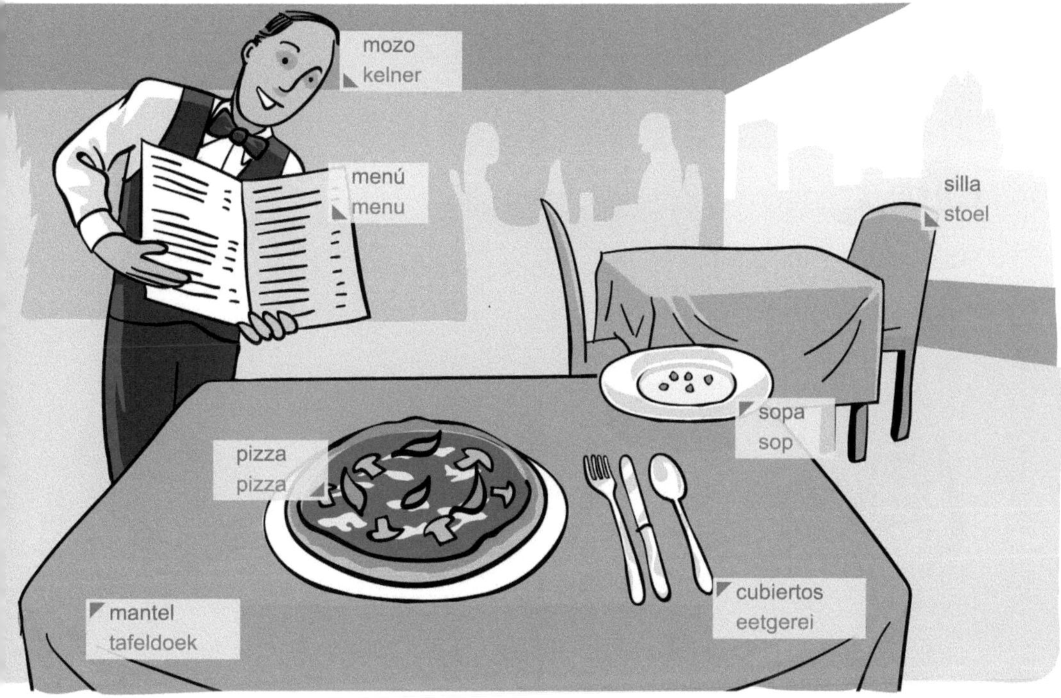
mozo
kelner
menú
menu
silla
stoel
sopa
sop
pizza
pizza
mantel
tafeldoek
cubiertos
eetgerei

entrada
voorgereg

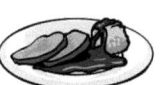

plato principal
hoofgereg

postre
nagereg

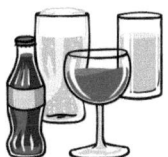

bebidas
drankies

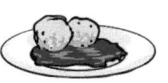

comida
kos

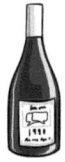

botella
bottel

comida rápida

kitskos

comida callejera

straatkos

tetera

teepot

azucarera

suikerverpakking

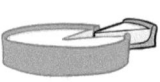

porción

porsie

cafetera expreso

espresso masjien

sillita alta

hoë stoel

cuenta

rekening

bandeja

skinkbord

cuchillo

mes

tenedor

vurk

cuchara

lepel

cucharita

teelepel

servilleta

servet

vaso

glas

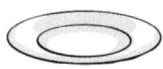

plato

gereg

plato hondo

sopbakkie

plato

piering

salsa

sous

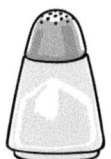

salero

soutpot

molinillo de pimienta

pepermeul

vinagre

asyn

aceite

olie

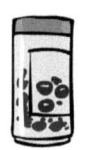

especias

speserye

kétchup

tamatiesous

mostaza

mosterd

mayonesa

mayonaise

supermercado
supermark

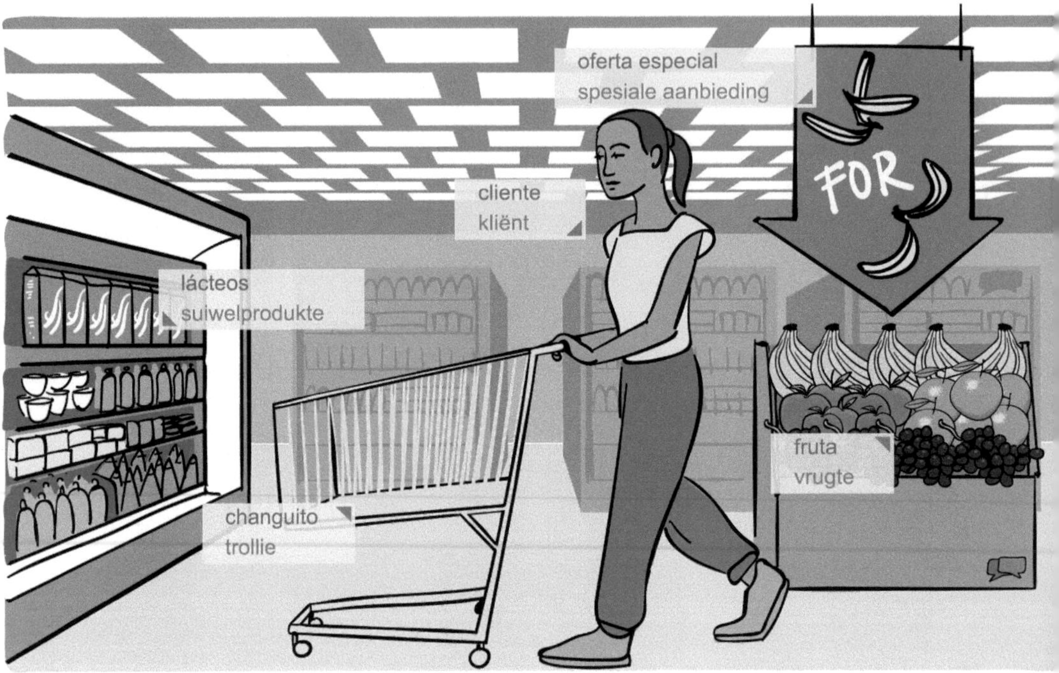

oferta especial
spesiale aanbieding

cliente
kliënt

FOR

lácteos
suiwelprodukte

fruta
vrugte

changuito
trollie

carnicería
slaghuis

panadería
bakkery

pesar
weeg

verduras
groente

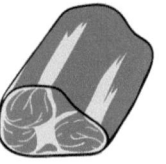

carne
vleis

alimentos congelados
bevrore voedsel

fiambres

kouevleis

alimentos enlatados

blikkieskos

detergente en polvo

waspoeier

golosinas

lekkers

electrodomésticos

huishoudelike produkte

productos de limpieza

skoonmaakprodukte

vendedora

verkoopsvrou

caja

kasregister

cajero

kassier

lista de compras

inkopielys

horario de atención

besigheidsure

billetera

beursie

tarjeta de crédito

kredietkaart

cartera

sak

bolsa de plástico

plastieksak

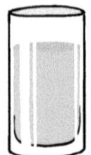

agua

water

jugo

sap

leche

melk

bebida cola

coke

vino

wyn

cerveza

bier

alcohol

alkohol

cacao

kakao

té

tee

café

koffie

café expreso

espresso

cappuccino

cappuccino

banana
....
piesang

manzana
....
appel

naranja
....
lemoen

melón
....
waatlemoen

limón
....
suurlemoen

zanahoria
....
wortel

ajo
....
knoffel

bambú
....
bamboes

cebolla
....
ui

champiñón
....
sampioen

nueces
....
neute

fideos
....
noedels

tallarines

spaghetti

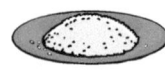

arroz

rys

ensalada

slaai

papas fritas

aartappelskyfies

papas fritas

gebraaide aartappels

pizza

pizza

hamburguesa

hamburger

sándwich

toebroodjie

churrasco

kotelet

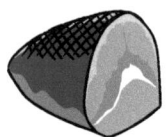

jamón

ham

salame

salami

salchicha

wors

pollo

hoender

asado

braaivleis

pescado

vis

copos de avena

hawermoutflokkies

muesli

muesli

copos de maíz

graanvlokkies

harina

meel

medialuna

croissant

pancito

broodrolletjie

pan

brood

tostada

roosterbrood

galletitas

koekies

manteca

botter

cuajada

dikmelk

torta

koek

huevo

eier

huevo frito

gebraaide eier

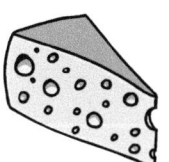

queso

kaas

helado

roomys

azúcar

suiker

miel

heuning

mermelada

konfyt

pasta de chocolate

nougat-smeer

curry

kerrie

granja
plaas

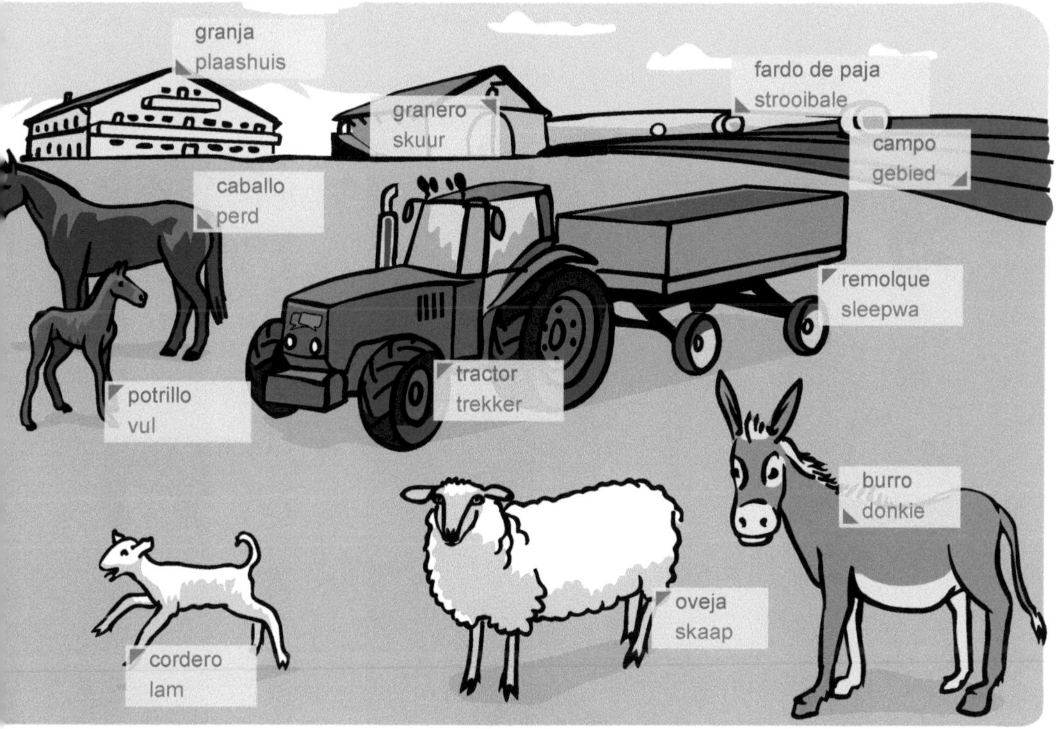
granja
plaashuis
granero
skuur
fardo de paja
strooibale
campo
gebied
caballo
perd
remolque
sleepwa
tractor
trekker
potrillo
vul
burro
donkie
oveja
skaap
cordero
lam

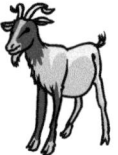

cabra

bok

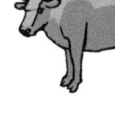

vaca

koei

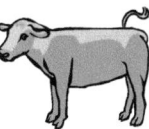

ternero

kalf

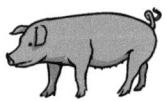

cerdo

vark

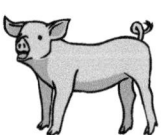

lechón

varkie

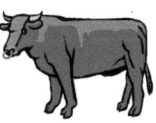

toro

bul

ganso

gans

pato

eend

pollo

kuiken

gallina

hen

gallo

haan

rata

rot

gato

kat

ratón

muis

buey

os

perro

hond

cucha

hondehok

manguera

tuinslang

regadera

gieter

guadaña

sens

arado

ploeg

hoz

sekel

azada

skoffel

horquilla

gaffel

hacha

byl

carretilla

kruiwa

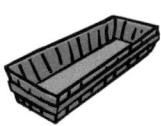

abrevadero

trog

lechera

melkkan

bolsa

sak

reja

heining

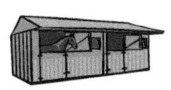

establo

stal

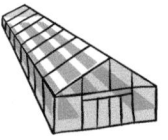

invernadero

kweekhuis

suelo

grond

semilla

saad

fertilizador

kunsmis

cosechadora

stroper

cosechar

oes

cosecha

oes

batatas

yam

trigo

koring

soja

soja

papa

aartappel

maíz

koring

semilla de colza

raapsaad

árbol frutal

vrugteboom

mandioca

broodwortel

cereales

graan

casa
huis

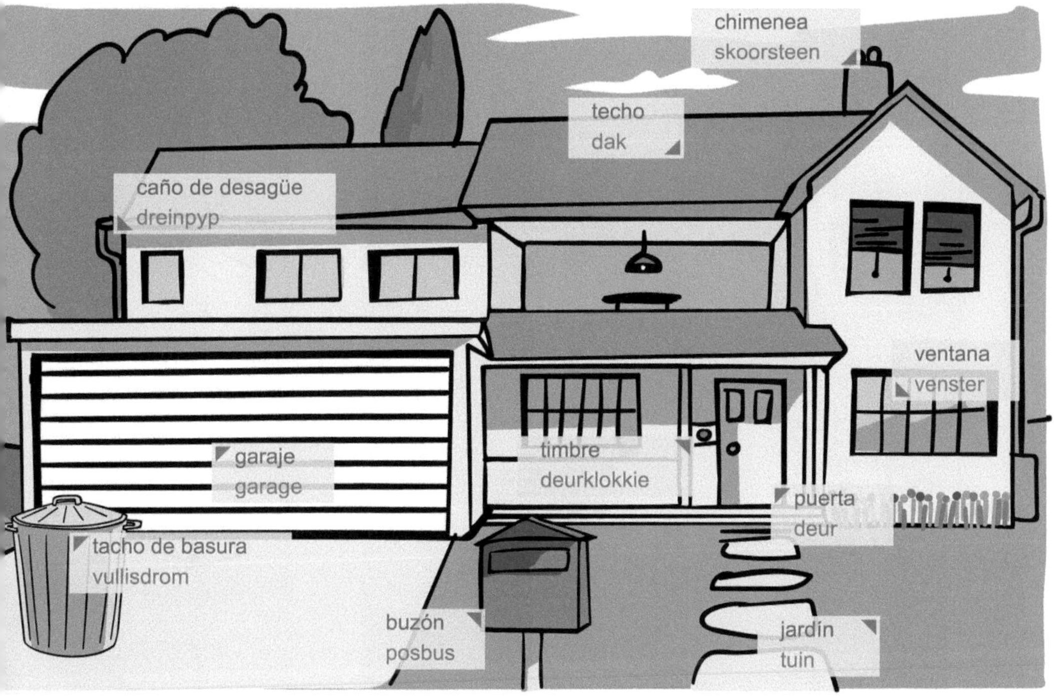
chimenea
skoorsteen
techo
dak
caño de desagüe
dreinpyp
ventana
venster
garaje
garage
timbre
deurklokkie
puerta
deur
tacho de basura
vullisdrom
buzón
posbus
jardín
tuin

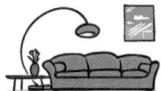

living

woonkamer

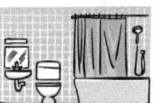

baño

badkamer

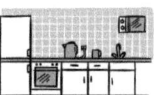

cocina

kombuis

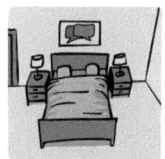

dormitorio

slaapkamer

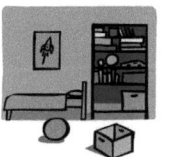

cuarto de los chicos

kinderkamer

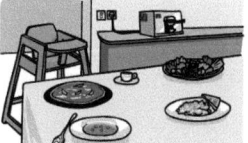

comedor

eetkamer

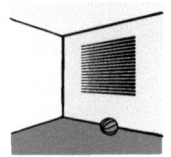

piso

vloer

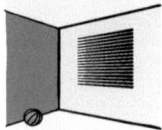

pared

muur

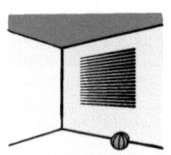

cielorraso

plafon

sótano

kelder

sauna

sauna

balcón

balkon

terraza

terras

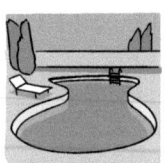

pileta

swembad

cortadora de pasto

grassnyer

sábana

beddegoedoortreksel

acolchado

deken

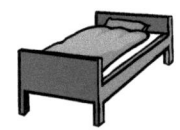

cama

bed

escoba

besem

balde

emmer

interruptor

skakelaar

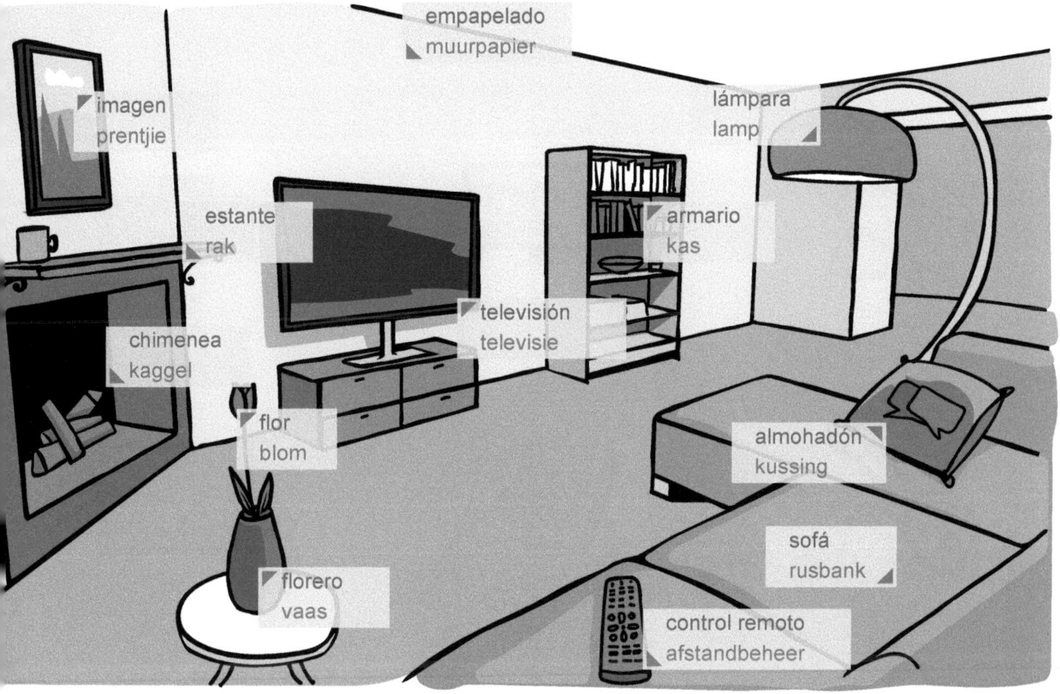

empapelado
muurpapier

imagen
prentjie

lámpara
lamp

estante
rak

armario
kas

chimenea
kaggel

televisión
televisie

flor
blom

almohadón
kussing

florero
vaas

sofá
rusbank

control remoto
afstandbeheer

alfombra
mat

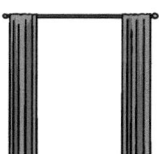

cortina
gordyn

mesa
tafel

silla
stoel

mecedora
wiegstoel

sillón
leunstoel

libro

boek

frazada

kombers

decoración

versiering

leña

vuurmaakhout

película

film

equipo de música

hoëtroustel

llave

sleutel

diario

koerant

pintura

skildery

póster

plakkaat

radio

radio

cuaderno

notaboekie

aspiradora

stofsuier

cactus

kaktus

vela

kers

cocina
kombuis

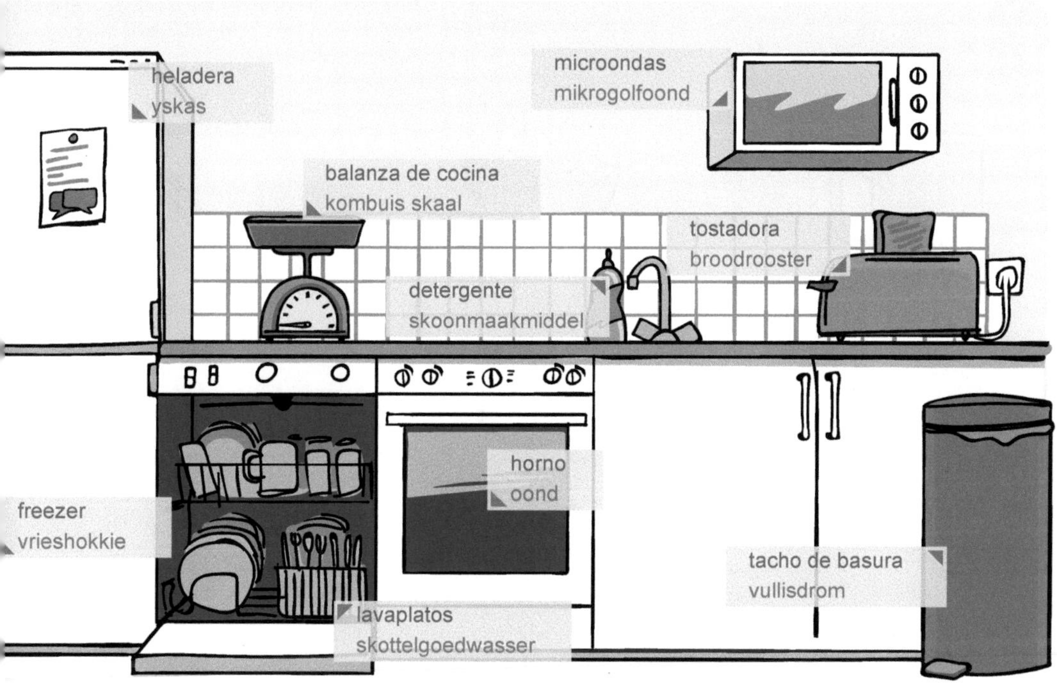

heladera
yskas
microondas
mikrogolfoond
balanza de cocina
kombuis skaal
tostadora
broodrooster
detergente
skoonmaakmiddel
horno
oond
freezer
vrieshokkie
tacho de basura
vullisdrom
lavaplatos
skottelgoedwasser

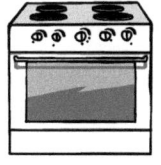

cocina
drukkoker

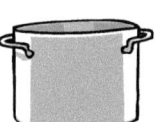

olla
pot

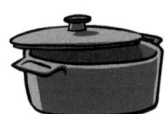

olla de hierro fundido
ysterpot

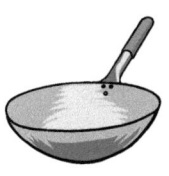

wok
wok / kadai

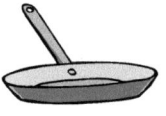

sartén
pan

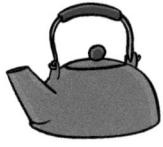

pava
ketel

vaporera

stoomkoker

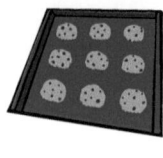

bandeja de horno

bakplaat

vajilla

breekware

taza

beker

bol

bak

palitos

eetstokkie

cucharón

skeplepel

estpátula

spatel

batidora

klitser

colador

sif

colador

sif

rallador

rasper

mortero

vysel

parrilla

braai

fogata

oop vuur

tabla de picar

broodplank

palo de amasar

koekroller

sacacorchos

kurktrekker

lata

kan

abrelatas

blikoopmaker

manopla

vatlap

pileta

opwasbak

cepillo

borsel

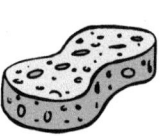

esponja

spons

batidora

menger

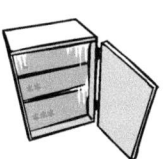

congelador

vrieskas

mamadera

bababottel

canilla

kraan

baño
badkamer

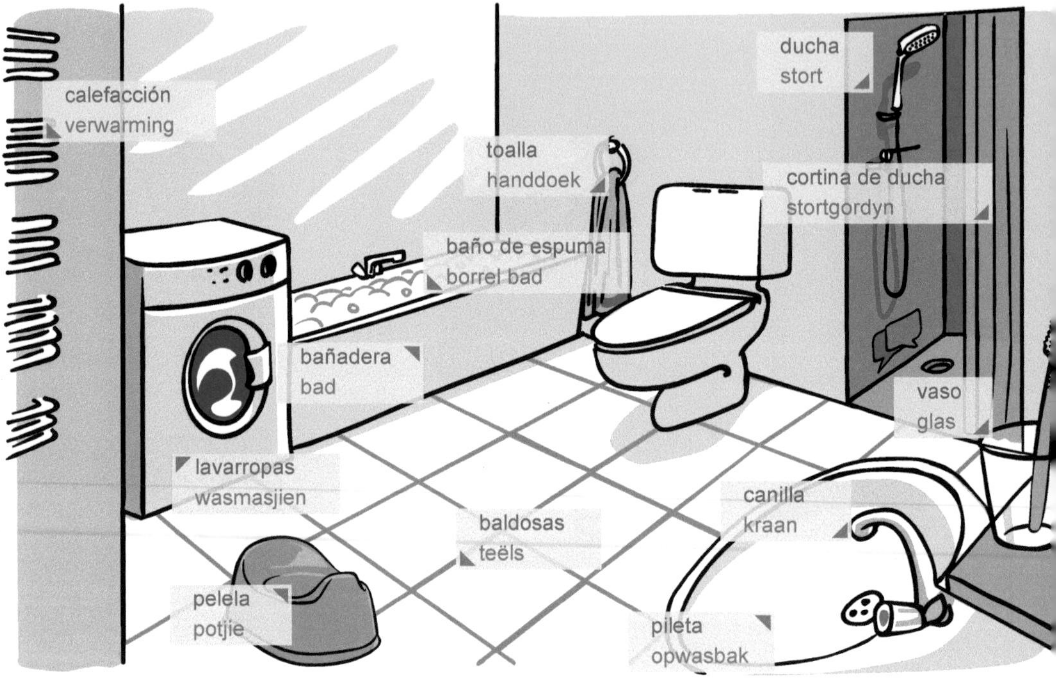

calefacción
verwarming
toalla
handdoek
ducha
stort
cortina de ducha
stortgordyn
baño de espuma
borrel bad
bañadera
bad
vaso
glas
lavarropas
wasmasjien
canilla
kraan
baldosas
teëls
pelela
potjie
pileta
opwasbak

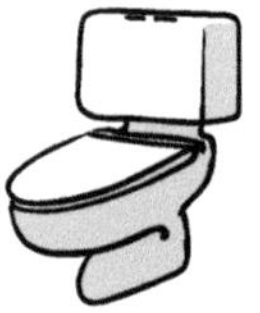

inodoro

toilet

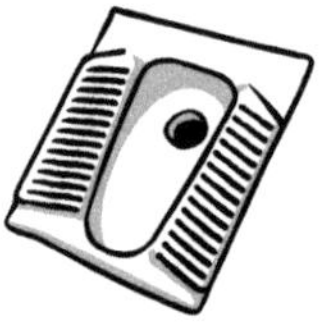

letrina

hurktoilet

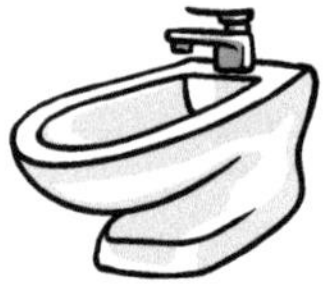

bidé

bidet

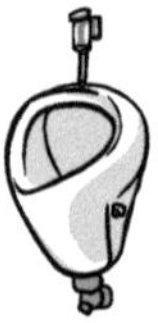

mingitorio

urinaal

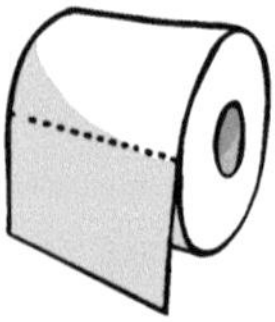

papel higiénico

toiletpapier

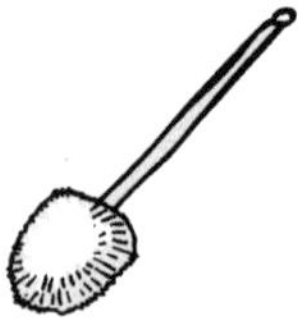

cepillo para el inodoro

toiletborsel

cepillo de dientes

tandeborsel

dentífrico

tandepasta

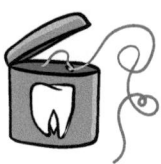

hilo dental

tande vlos

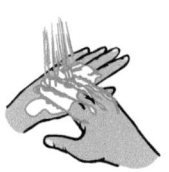

lavar

was

ducha de mano

handstort

ducha higiénica

stort

palangana

wasbak

cepillo para espalda

rugkantborsel

jabón

seep

gel de ducha

stortgel

shampoo

sjampoe

toallita

flanel

desagüe

drein

crema

room

desodorante

reukweerder

espejo

spieël

espejito

spieëltjie

maquinita de afeitar

skeermes

espuma de afeitar

skeerroom

aftershave

naskeermiddel

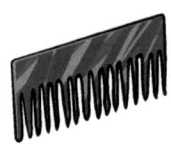

peine

kam

cepillo

borsel

secador de pelo

haardroër

spray

haarsproei

maquillaje

grimmering

lápiz de labios

lipstifie

esmalte para uñas

naellak

algodón

watte

tijera para uñas

naelknipper

perfume

parfuum

portacosméticos

toiletsakkie

banqueta

stoel

balanza

skaal

bata

badjas

guantes de goma

rubberhandskoene

tampón

tampon

toallita femenina

sanitêre handdoek

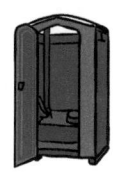

baño químico

chemiese toilet

cuarto de los chicos
kinderkamer

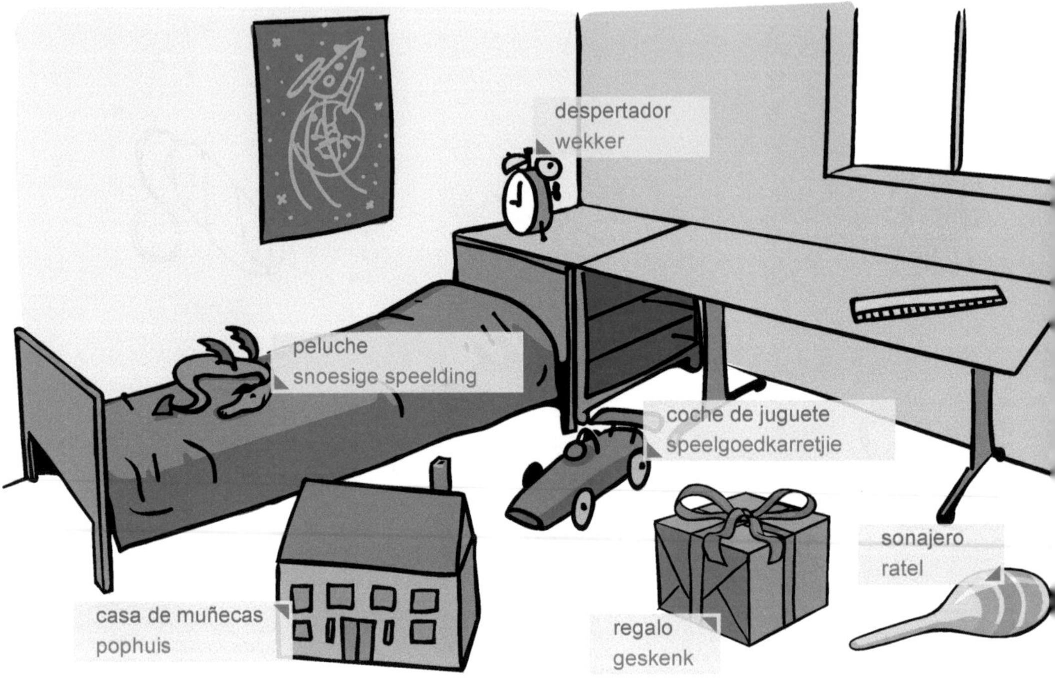
despertador
wekker
peluche
snoesige speelding
coche de juguete
speelgoedkarretjie
sonajero
ratel
casa de muñecas
pophuis
regalo
geskenk

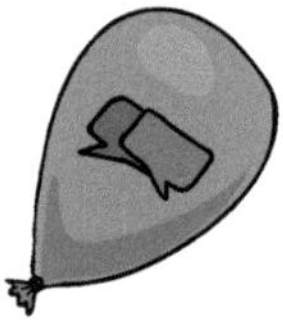

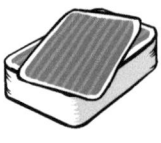

globo

ballon

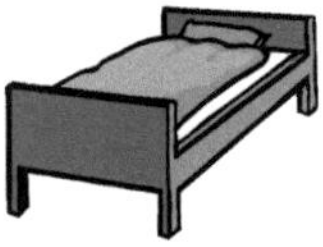

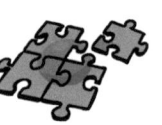

cama

bed

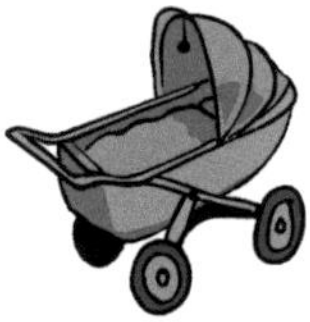

cochecito

stootwaentjie

cartas

kaartespel

rompecabezas

legkaart

SUPER
MEGA

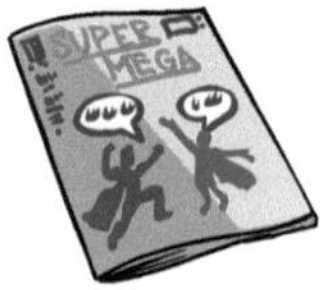

historieta

tekenprent

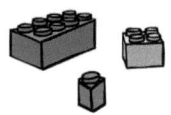

piezas de lego
lego-blokkies

ladrillos de juguete
speelgoedblokke

figura de acción
animasieheld

enterito (de bebé)
groeipakkie

frisbee
frisbee

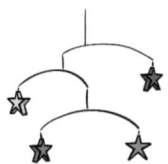

móvil para bebés
mobile

juego de mesa
bordspeletjie

dados
dobbelsteen

tren eléctrico
model trein stel

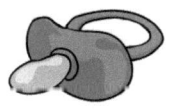

chupete
fopspeen

fiesta
partytjie

libro de cuentos ilustrado

prenteboek

pelota
bal

muñeca
pop

jugar
speel

arenero
....
sandput

hamaca
....
swaai

juguetes
....
speelgoed

consola de videojuegos
....
videospeletjie-konsole

triciclo
....
driewiel

osito de peluche
....
teddiebeer

armario
....
klerekas

ropa
klere

medias
....
sokkies

medias panty
....
kouse

calzas
....
broekiekouse

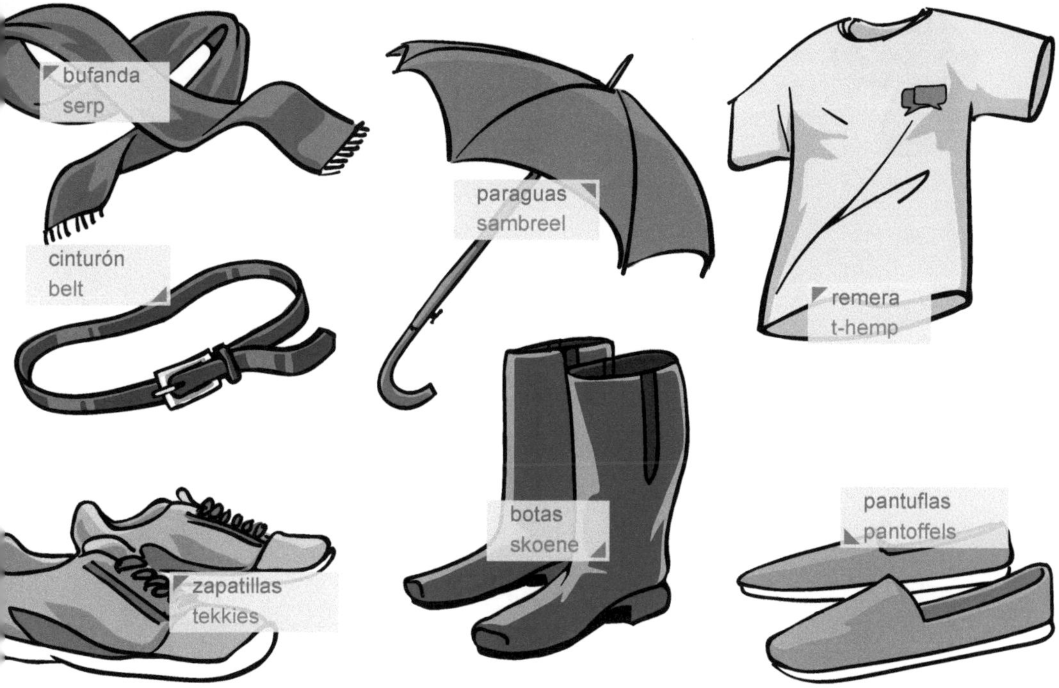

bufanda
serp

paraguas
sambreel

remera
t-hemp

cinturón
belt

botas
skoene

pantuflas
pantoffels

zapatillas
tekkies

sandalias
sandale

zapatos
skoene

botas de goma
rubber stewels

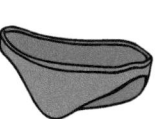

ropa interior
onderbroek

corpiño
bra

chaleco
onderbaadjie

body

liggaam

pantalones

broek

jeans

jeans

pollera

romp

blusa

bloes

camisa

hemp

pulóver

oortrektrui

buzo

oortrektrui

blazer

baadjie

campera

baadjie

tapado

jas

piloto

reënjas

traje

kostuum

vestido

rok

vestido de novia

trourok

traje
pak

camisón
nagrok

pijama
pajamas

sari
sari

pañuelo para cabeza
kopdoek

turbante
tulband

burka
burqa

caftán
kaftan

abaya
abaya

traje de baño
swembroek

short de baño
swembroek

shorts
kortbroek

jogging
sweetpak

delantal
voorskoot

guantes
handskoene

botón

knoppie

anteojos

bril

pulsera

armband

collar

halssnoer

anillo

ring

aro

oorbel

gorra

pet

percha

klerehanger

sombrero

hoed

corbata

das

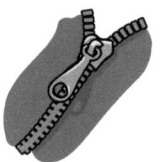

cierre

rits

casco

helmet

tiradores

draadjies

uniforme escolar

skooluniform

uniforme

uniform

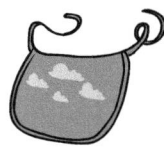

babero

bib

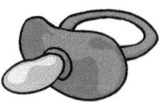

chupete

fopspeen

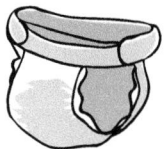

pañal

doek

oficina
kantoor

servidor
bediener
archivero
liasseerkabinet
impresora
drukker
papel
papier
monitor
skerm
escritorio
lessenaar
mouse
muis
carpeta
leêr
teclado
sleutelbord
tacho (de basura)
vullisdrom
computadora
rekenaar
silla
stoel

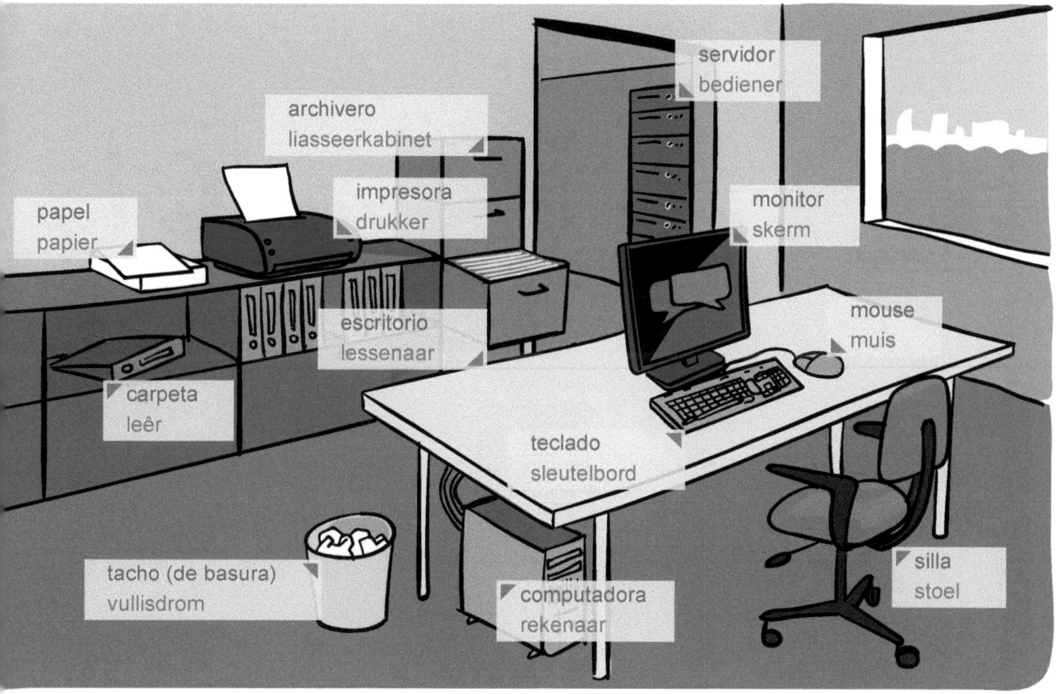

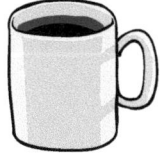

taza de café

koffiebeker

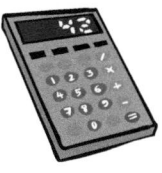

calculadora

sakrekenaar

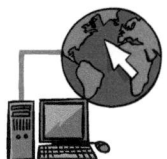

internet

internet

laptop
skootrekenaar

carta
brief

mensaje
boodskap

celular
selfoon

red
netwerk

fotocopiadora
fotostaatmasjien

software
sagteware

teléfono
telefoon

tomacorriente
muurprop

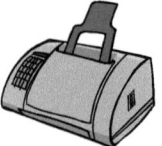

fax
faksmasjien

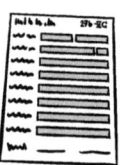

formulario
vorm

documento
dokument

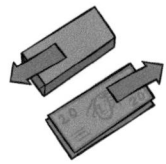

comprar

koop

pagar

betaal

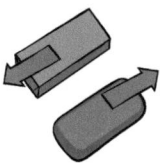

hacer negocios

besigheid doen

dinero

geld

dólar

dollar

euro

euro

yen

yen

rublo

roebel

franco suizo

switserse frank

yuan

renminbi yuan

rupia

rupee

cajero automático

kontantteller (ATM)

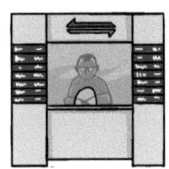

casa de cambio

bureau de change

oro

goud

plata

silwer

petróleo

olie

energía

energie

precio

prys

contrato

kontrak

impuesto

belasting

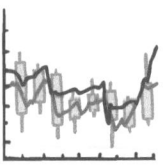

acción

aandele

trabajar

werk

empleado

werknemer

empleador

werkgewer

fábrica

fabriek

negocio

winkel

ocupaciones
beroepe

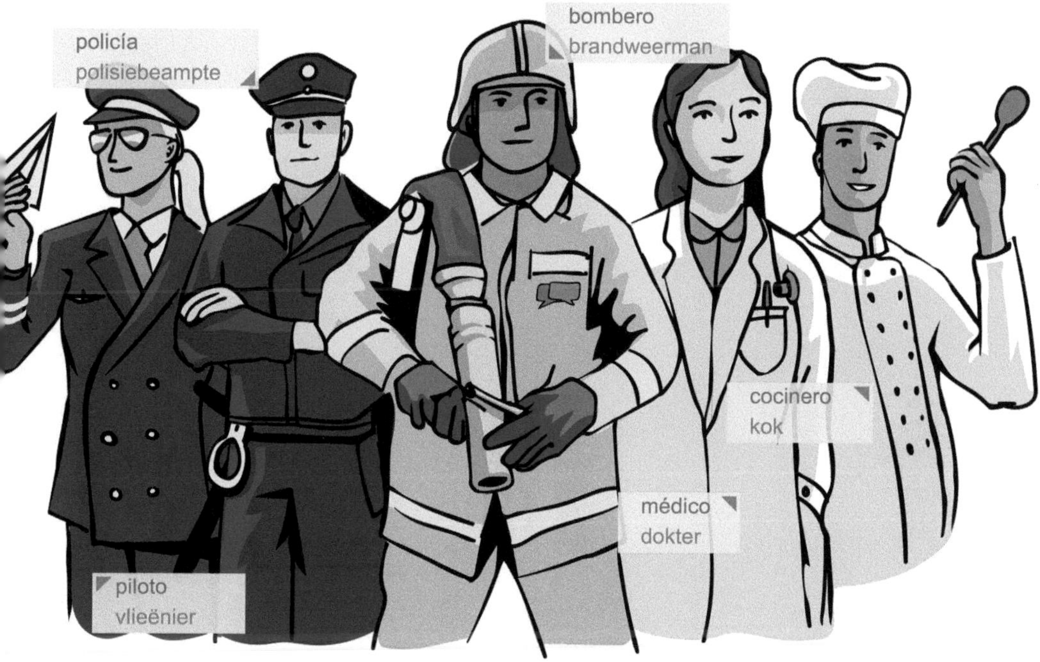
policía
polisiebeampte
bombero
brandweerman
cocinero
kok
médico
dokter
piloto
vlieënier

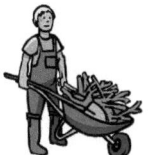

jardinero

tuinier

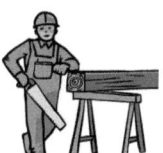

carpintero

timmerman

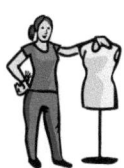

modista

naaldwerkster

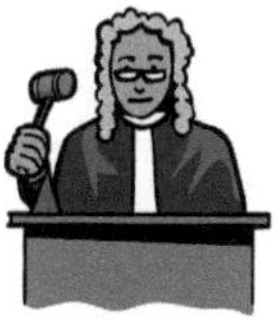

juez

regter

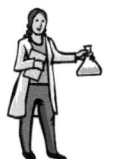

farmacéutico

chemikus

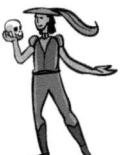

actor

akteur

colectivero

busbestuurder

taxista

taxibestuurder

pescador

visserman

mucama

skoonmaakvrou

techista

dakwerker

mozo

kelner

cazador

jagter

pintor

skilder

panadero

bakker

electricista

elektrisiën

albañil

bouer

ingeniero

ingenieur

carnicero

slagter

plomero

loodgieter

cartero

posman

soldado
soldaat

arquitecto
argitek

cajero
kassier

florista
bloemiste

peluquero
haarkapper

cobrador
kondukteur

mecánico
werktuigkundige

capitán
kaptein

dentista
tandarts

científico
wetenskaplike

rabino
rabbi

imán
imam

monje
monnik

sacerdote
predikant

herramientas
gereedskap

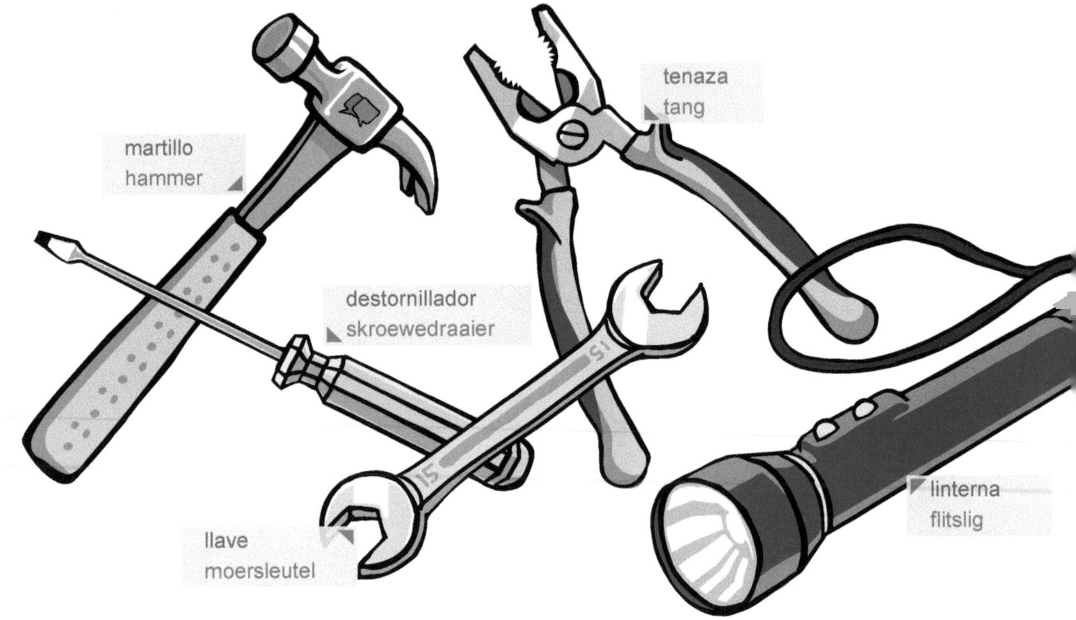

martillo
hammer
tenaza
tang
destornillador
skroewedraaier
llave
moersleutel
linterna
flitslig

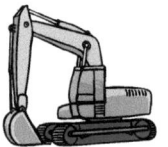

excavadora

graaftoestel

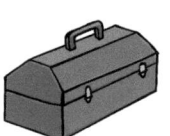

caja de herramientas

gereedskapskis

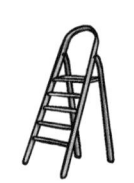

escalera portátil

leer

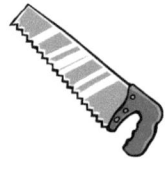

sierra

saag

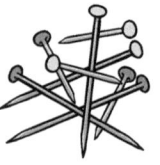

clavos

naels

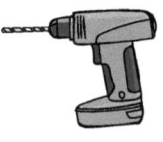

taladro

boor

arreglar
....
regmaak

pala de jardín
....
graaf

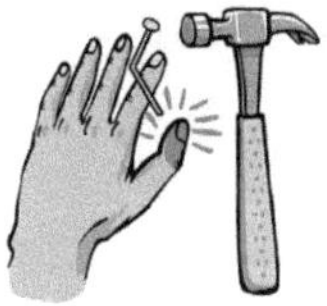

¡Qué bronca!
....
verdomp!

pala de plástico
....
skoppie

tacho de pintura
....
verfpot

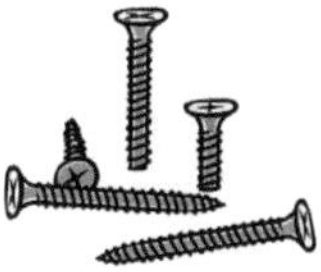

tornillos
....
skroewe

instrumentos musicales
musiekinstrumente

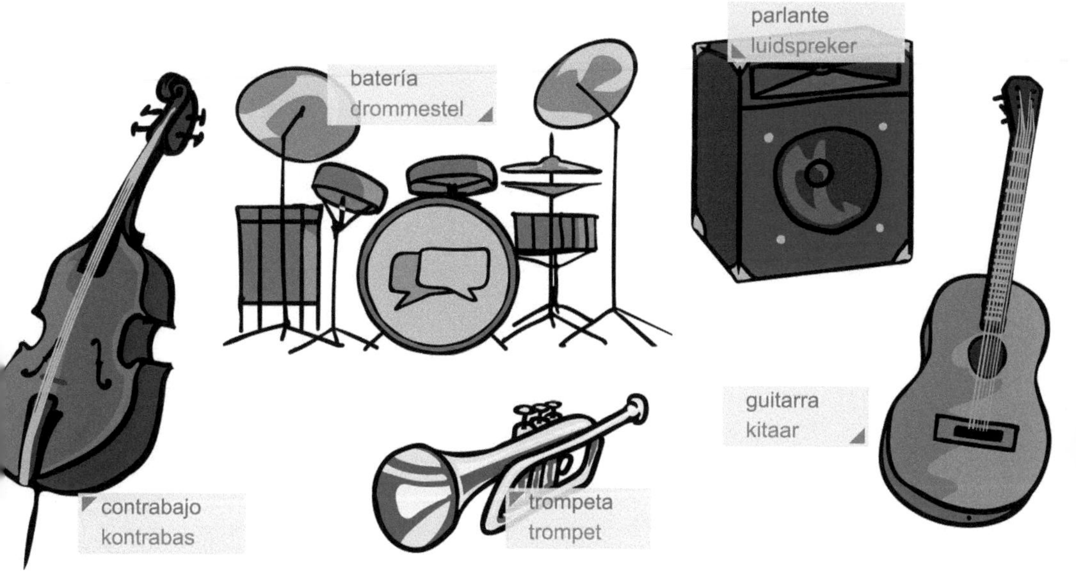

parlante
luidspreker

batería
drommestel

guitarra
kitaar

contrabajo
kontrabas

trompeta
trompet

piano

klavier

violín

viool

bajo

bas

timbales

keteltrom

tambor

dromme

teclado

sleutelbord

saxofón

saksofoon

flauta

fluit

micrófono

mikrofoon

entrada
ingang

tigre
tier

jaula
hok

cebra
zebra

alimento para animales
veevoer

oso panda
panda

animales
diere

elefante
olifant

canguro
kangaroo

rinoceronte
renoster

gorila
gorilla

oso
beer

camello

kameel

avestruz

volstruis

león

leeu

mono

aap

flamenco

flamink

loro

papegaai

oso polar

ysbeer

pingüino

pikkewyn

tiburón

haai

pavo real

pou

serpiente

slang

cocodrilo

krokodil

cuidador del zoológico

dieretuinopsigter

foca

rob

jaguar

jaguar

poni
ponie

leopardo
luiperd

hipopótamo
seekoei

jirafa
kameelperd

águila
arend

jabalí
wildevark

pescado
vis

tortuga
skilpad

morsa
walrus

zorro
jakkals

gacela
gemsbok

fútbol americano
Amerikaanse Voetbal

ciclismo
fietsry

tenis
tennis

básquet
basketbal

natación
swem

boxeo
boks

hockey sobre hielo
ys-hokkie

fútbol
sokker

bádminton
pluimbal

atletismo
atletiek

handball
handbal

esquí
ski

polo
polo

actividades
aktiwiteite

saltar
spring
abrazar
drukkie
reír
lag
caminar
loop
cantar
sing
soñar
droom
rezar
bid
besar
soen

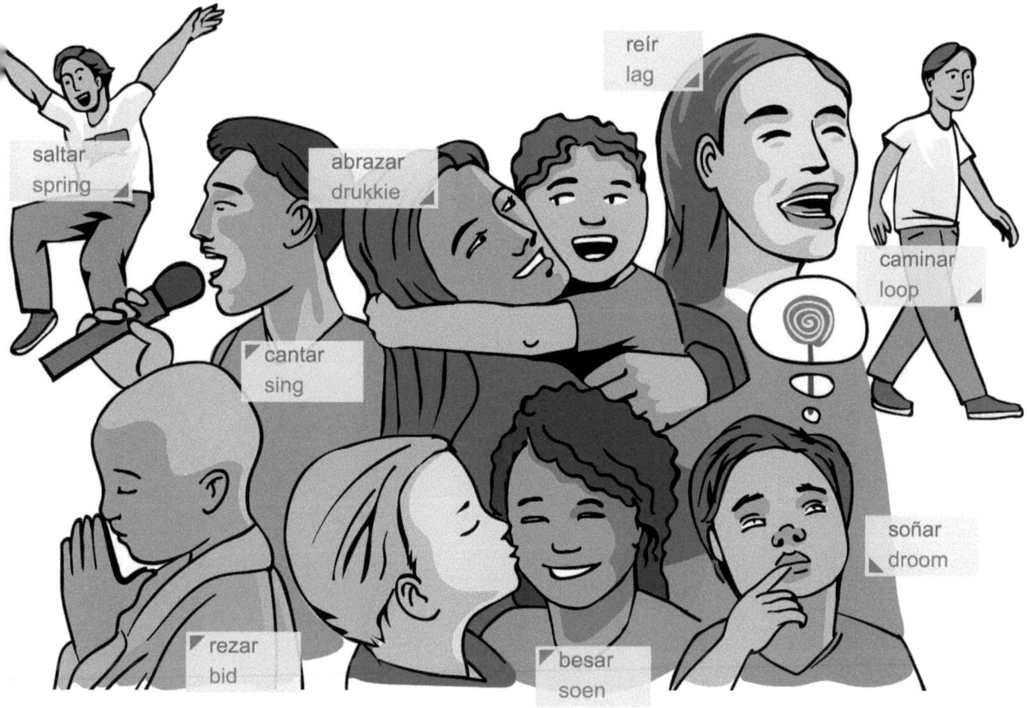

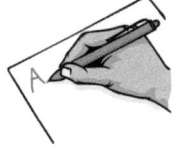

escribir

skryf

dibujar

teken

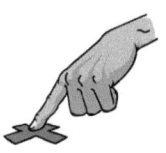

mostrar

show

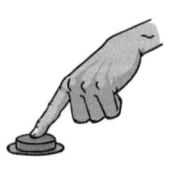

presionar

druk

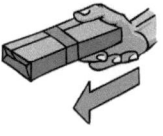

dar

gee

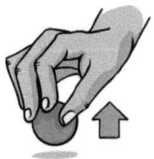

tomar

neem

tener
het

hacer
doen

ser
wees

estar parado
staan

correr
hardloop

tirar
trek

tirar
gooi

caer
val

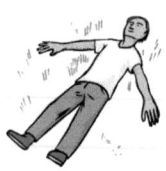

estar acostado
jok

esperar
wag

llevar
dra

estar sentado
sit

vestirse
aantrek

dormir
slaap

despertar
wakker word

mirar

kyk na

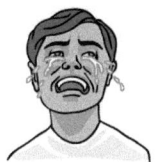

llorar

huil

acariciar

streel

peinar

kam

hablar

praat

entender

verstaan

preguntar

vra

escuchar

luister

beber

drink

comer

eet

ordenar

opruim

amar

liefhê

cocinar

kook

manejar

ry

volar

vlieg

navegar
seil

calcular
bereken

leer
lees

aprender
leer

trabajar
werk

casarse
trou

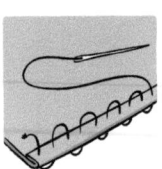

coser
naai

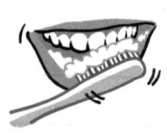

cepillarse los dientes
tande borsel

matar
doodmaak

fumar
rook

enviar
stuur

actividades - aktiwiteite

familia
familie

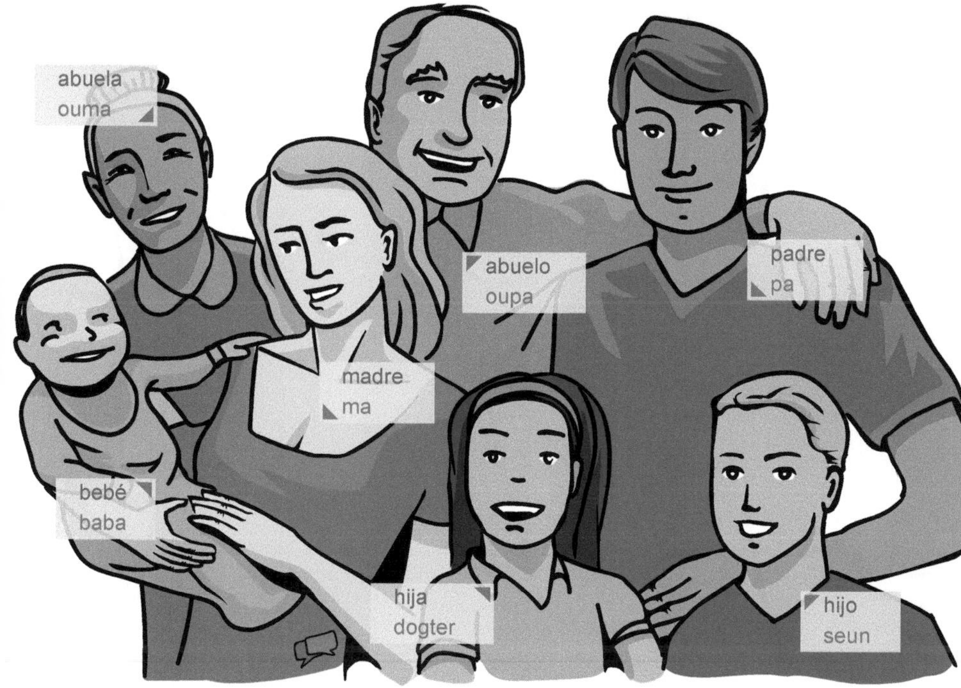

abuela
ouma
abuelo
oupa
padre
pa
madre
ma
bebé
baba
hija
dogter
hijo
seun

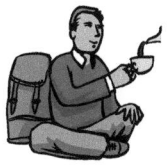

invitado

gas

tía

tannie

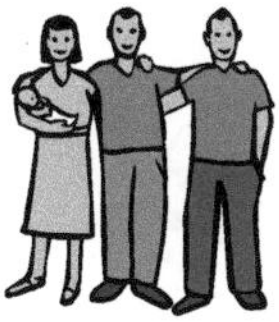

tío

oom

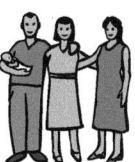

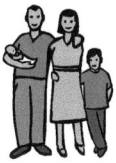

hermano

broer

hermana

suster

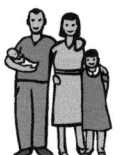

cuerpo
liggaam

frente
voorkop
ojo
oog
hombro
skouer
dedo
vinger
cara
gesig
pera
ken
mano
hand
pierna
been
pecho
bors
brazo
arm

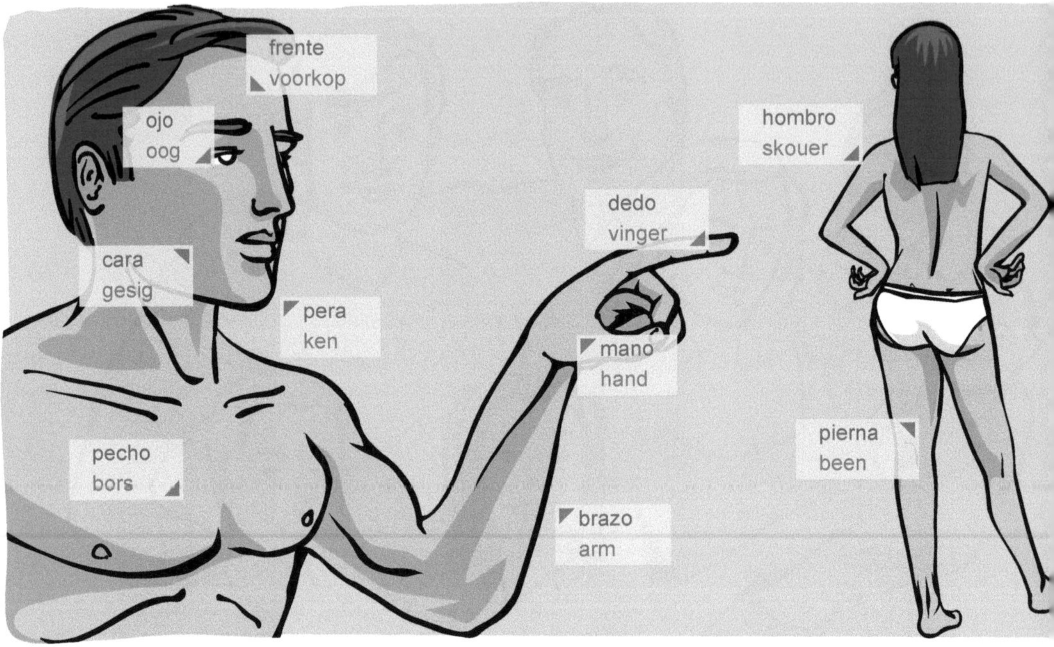

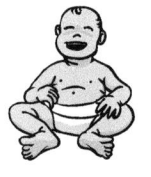

bebé

baba

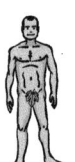

hombre

man

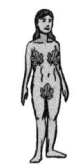

mujer

vrou

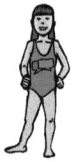

nena

meisie

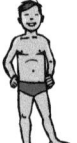

nene

seun

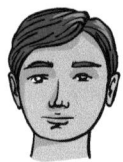

cabeza

kop

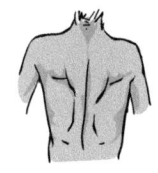

espalda

rug

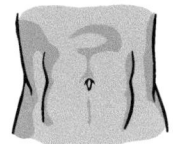

panza

buik

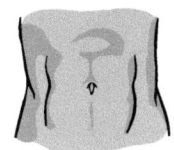

ombligo

naelstring

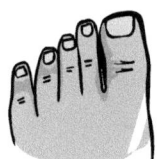

dedo del pie

toon

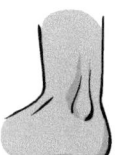

talón

hak

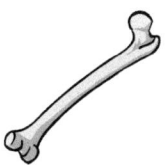

hueso

been

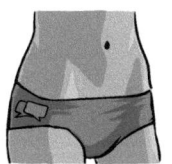

cadera

heup

rodilla

knie

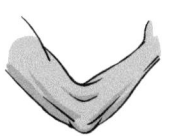

codo

elmboog

nariz

neus

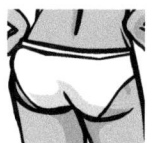

cola

boude

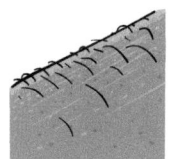

piel

vel

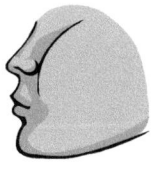

cachete

wang

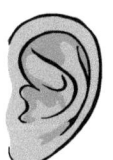

oreja

oor

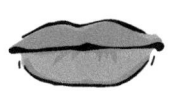

labio

lippe

boca

mond

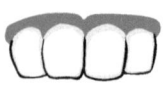

diente

tand

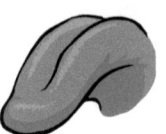

lengua

tong

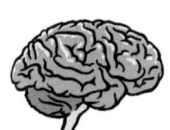

cerebro

brein

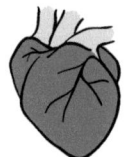

corazón

hart

músculo

spiere

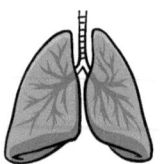

pulmón

long

hígado

lewer

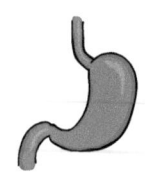

estómago

maag

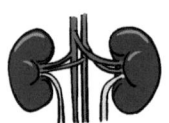

riñones

niere

sexo

seks

preservativo

kondoom

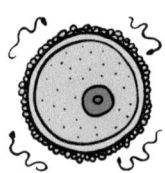

óvulo

eierstok

semen

semen

embarazo

swangerskap

cuerpo - liggaam

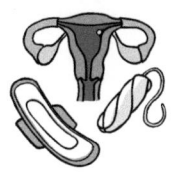

menstruación
menstruasie

vagina
vagina

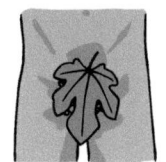

pene
penis

ceja
wenkbrou

pelo
hare

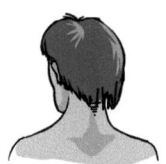

cuello
nek

hospital
hospitaal

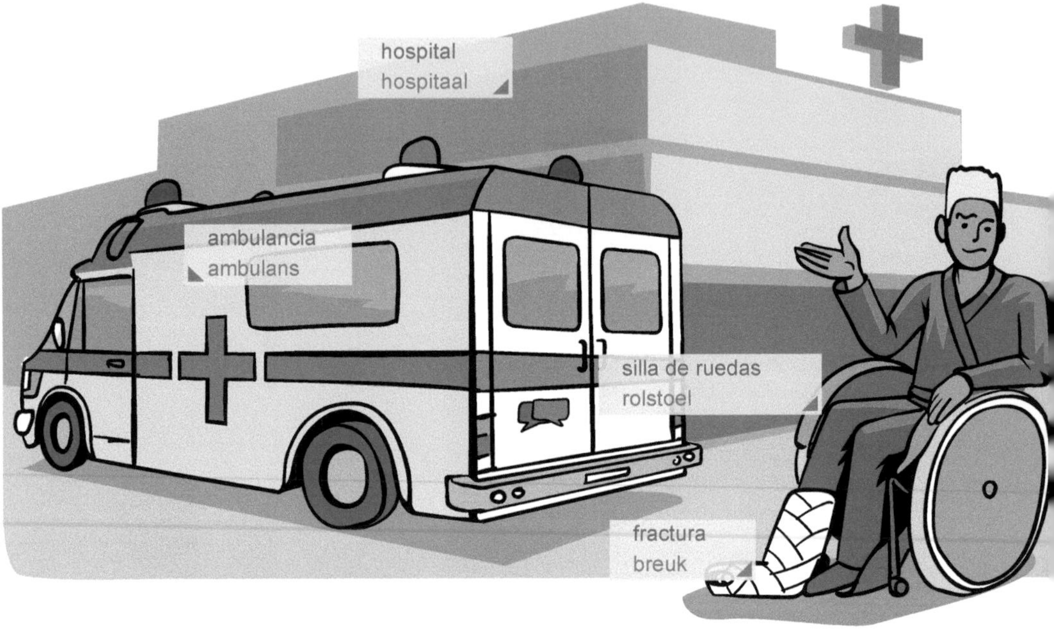

hospital
hospitaal
ambulancia
ambulans
silla de ruedas
rolstoel
fractura
breuk

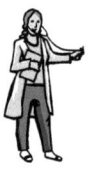

médico

dokter

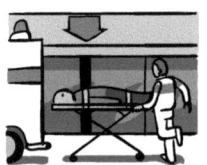

sala de guardia

ongevalle

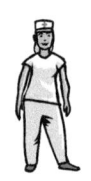

enfermera

verpleegster

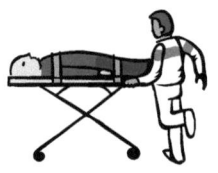

emergencia

noodgeval

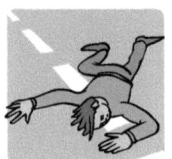

inconsciente

bewusteloos

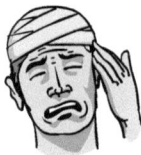

dolor

pyn

lesión
....
besering

hemorragia
....
bloeding

infarto
....
hartaanval

ACV
....
beroerte

alergia
....
allergie

tos
....
hoes

fiebre
....
koors

gripe
....
griep

diarrea
....
diarree

dolor de cabeza
....
hoofpyn

cáncer
....
kanker

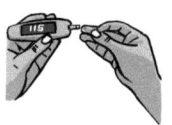

diabetes
....
diabetes

cirujano
....
chirurg

bisturí
....
skalpel

operación
....
operasie

TC

CT

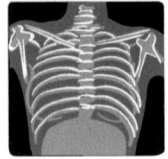

rayos x

X-straal

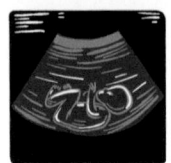

ecografía

ultraklank

barbijo

gesigmasker

enfermedad

siekte

sala de espera

wagkamer

muleta

kruk

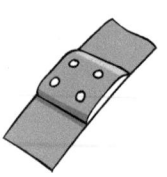

curita

gips

venda

verband

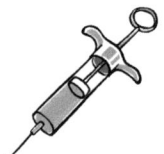

inyección

inspuiting

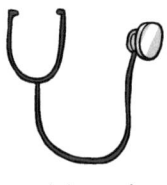

estetoscopio

stetoskoop

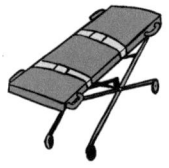

camilla

draagbaar

termómetro

kliniese termometer

nacimiento

geboorte

sobrepeso

oorgewig

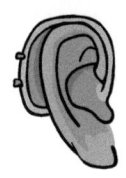

audífono

gehoorapparaat

desinfectante

ontsmettingsmiddel

infección

infeksie

virus

virus

VIH / SIDA

MIV / vigs

remedio

medisyne

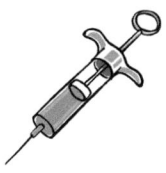

vacunación

inenting

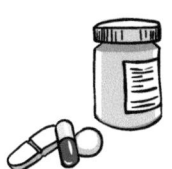

comprimidos

tablette

pastilla anticonceptiva

pil

llamada de emergencia

noodoproep

tensiómetro

blooddrukmonitor

enfermo / sano

siek / gesond

¡Ayuda!

Help!

alarma

alarm

agresión

aanranding

ataque

aanval

peligro

gevaar

salida de emergencia

nooduitgang

¡Fuego!

Brand!

matafuego

brandblusser

accidente

ongeluk

botiquín de primeros
auxilios

noodhulpkissie

SOS

SOS

policía

polisie

Europa

Europa

América del Norte

Noord-Amerika

América del Sur

Suid-Amerika

África

Afrika

Asia

Asië

Australia

Australië

Atlántico

Atlantiese Oseaan

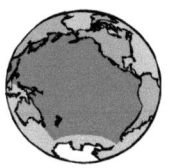

Pacífico

Stille Oseaan

Océano Índico

Indiese Oseaan

Océano Antártico

Antarktiese Oseaan

Océano Ártico

Arktiese Oseaan

polo norte

Noordpool

polo sur
Suidpool

Antártida
Antarktika

Tierra
aarde

tierra
land

mar
see

isla
eiland

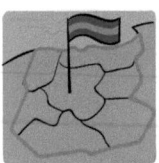

nación
nasie

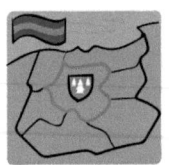

estado
staat

esfera

horlosie

manecilla de las horas

uur-aanwyser

minutero

minuut-aanwyser

segundero

sekonde-aanwyser

¿Qué hora es?

Hoe laat is dit?

día

dag

hora

tyd

ahora

nou

reloj digital

digitale horlosie

minuto

minuut

hora

uur

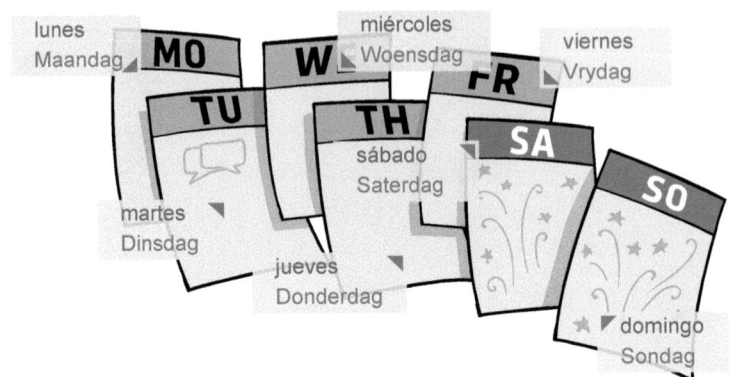

lunes
Maandag

MO

W miércoles
Woensdag

viernes
Vrydag

FR

TU

TH

SA

SO

sábado
Saterdag

martes
Dinsdag

jueves
Donderdag

domingo
Sondag

ayer

gister

hoy

vandag

mañana

môre

mañana

oggend

mediodía

middag

tarde

aand

días hábiles

werksdae

fin de semana

naweek

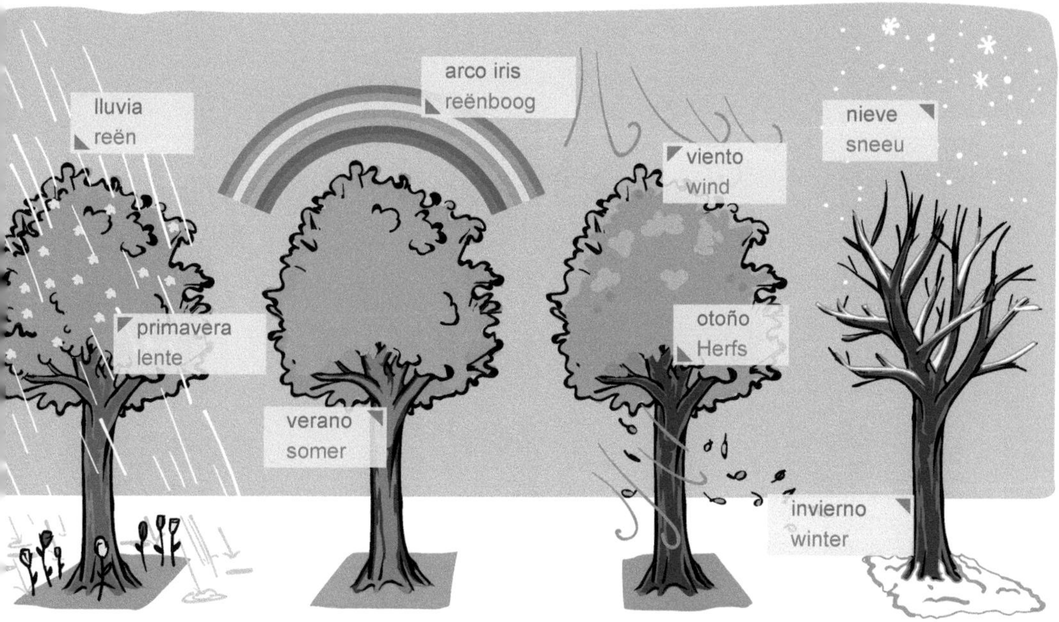

lluvia
reën

arco iris
reënboog

nieve
sneeu

viento
wind

primavera
lente

otoño
Herfs

verano
somer

invierno
winter

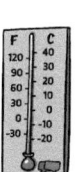

4.APRIL	11°	☀
5.APRIL	4°	☂
6.APRIL	13°	☁
7.APRIL	8°	❄
8.APRIL	10°	☀

onóstico meteorológico

weervoorspelling

termómetro

termometer

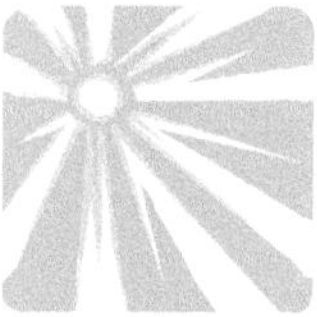

luz del sol

sonskyn

nube

wolk

niebla

mis

humedad

humiditeit

rayo

weerlig

trueno

donderweer

tormenta

storm

granizo

hael

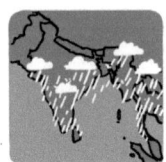

monzón

reënseisoen

inundación

vloed

hielo

ys

enero

Januarie

febrero

Februarie

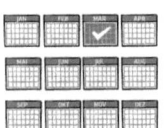

marzo

Maart

abril

April

mayo

Mei

junio

Junie

julio

Julie

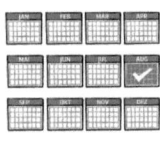

agosto

Augustus

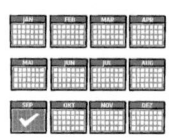

septiembre

September

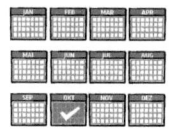

octubre

Oktober

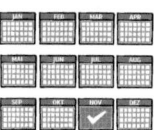

noviembre

November

diciembre

Desember

formas

vorms

círculo

sirkel

cuadrado

vierkant

rectángulo

reghoek

triángulo

driehoek

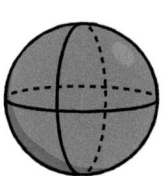

esfera

gebied

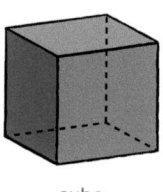

cubo

kubus

blanco

wit

amarillo

geel

naranja

oranje

rosa

pink

rojo

rooi

violeta

pers

azul

blou

verde

groen

marrón

bruin

gris

grys

negro

swart

mucho / poco

'n baie / 'n bietjie

enojado / tranquilo

kwaad / kalm

lindo / feo

pragtig / lelik

principio / fin

begin / einde

grande / chico

groot / klein

claro / oscuro

helder / donker

hermano / hermana

broer / suster

limpio / sucio

skoon / vuil

completo / incompleto

volledige / onvolledige

día / noche

dag / nag

muerto / vivo

dood / lewendig

ancho / angosto

wyd / smal

comestible / no comestible

eetbare / oneetbaar

malo / amable

kwaad / vriendelik

entusiasmado / aburrido

opgewonde / verveeld

gordo / flaco

vet / maer

primero / último

eerste / laaste

amigo / enemigo

vriend / vyand

lleno / vacío

vol / leeg

duro / blando

hard / sag

pesado / liviano

swaar / lig

hambre / sed

honger / dors

enfermo / sano

siek / gesond

ilegal / legal

onwettige / wettige

inteligente / estúpido

slim / dom

izquierda / derecha

links / regs

cerca / lejos

naby / vêr

opuestos - teenoorgesteldes

nuevo / usado
nuut / tweedehands

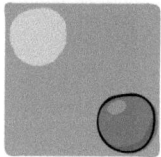

nada / algo
niks / iets

viejo / joven
oud / jonk

encendido / apagado
aan / af

abierto / cerrado
oop / toe

silencioso / ruidoso
stil / lawaaierig

rico / pobre
ryk / arm

correcto / incorrecto
reg / verkeerd

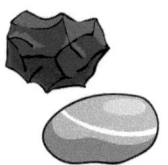

áspero / suave
grof / glad

triste / contento
hartseer / gelukkig

corto / largo
kort / lank

lento / rápido
stadig / vinnig

mojado / seco
nat / droog

caliente / frío
warm / koel

guerra / paz
oorlog / vrede

0

cero

nul

1

uno

een

2

dos

twee

3

tres

drie

4

cuatro

vier

5

cinco

vyf

6

seis

ses

7

siete

sewe

8

ocho

agt

9

nueve

nege

10

diez

tien

11

once

elf

12

doce

twaalf

13

trece

dertien

14

catorce

veertien

15

quince

vyftien

16

dieciséis

sestien

17

diecisiete

sewentien

18

dieciocho

agtien

19

diecinueve

negentien

20

veinte

twintig

100

cien

honderd

1.000

mil

duisend

1.000.000

millón

miljoen

números - getalle

inglés

Engels

inglés americano

Amerikaanse Engels

chino mandarín

Mandaryns

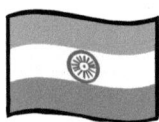

hindi

Hindi

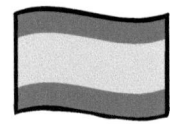

español

Spaans

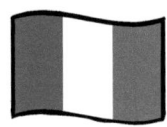

francés

Frans

árabe

Arabies

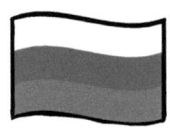

ruso

Russies

portugués

Portugees

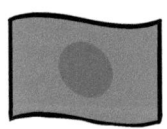

bengalí

Bengaals

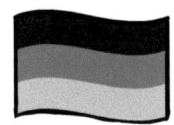

alemán

Duits

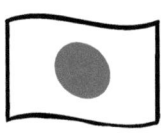

japonés

Japanees

yo

Ek

vos

jy

él / ella

hy / sy / dit

nosotros

ons

ustedes

julle

ellos

hulle

¿quién?

wie?

¿qué?

wat?

¿cómo?

hoe?

¿dónde?

waar?

¿cuándo?

wanneer?

nombre

naam

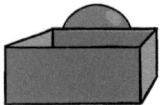

detrás

agter

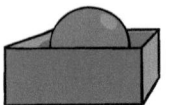

en

in

adelante de

voor

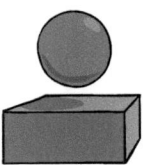

por encima de

oor

sobre

bo-op

debajo de

onder

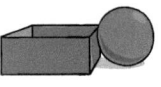

al lado de

langs

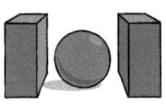

entre

tussen

lugar

plek